Thomas Plaßmann
Günter
Abstand halten

Die Deutsche Bibliothek - CIP-Einheitsaufnahme

Plassmann, Thomas:
Günter: Abstand halten!
Ein bisschen Günter steckt in jedem!!!
Thomas Plassmann
Kiel: Semmel-Verl., 1993
ISBN 3-89460-047-0
NE: HST

1. Auflage 1993
Semmel-Verlach
Winfried Bartnick
Werftbahnstr. 8
2300 Kiel 14

Druck und Bindung: Nieswand Druck, Kiel
© Semmel-Verlach 1993
ISBN 3-89460-047-0

IN JEDEM STECKT EIN
EINZELGÄNGER

EINER IST ES :
GÜNTER

"LIEBE SCHWESTER IRMGARD! ERINNERE ICH MICH RECHT, ANDEUTUNGSWEISE SCHON MAL DAVON GESPROCHEN ZU HABEN GÜNTER BESSER NICHT ZU DEN ANDEREN ZU LEGEN !!!"

Soweit sich Günter auch zurückzuerinnern vermochte; schon immer traten Fragen nach Höflichkeit, gutem Benehmen und Anstand sehr schnell in den Hintergrund.

GÜNTI! BITTE! NUR EINE HALBE STUNDE! ES IST DOCH WAHRSCHEINLICH OPIS LETZTER GEBURTSTAG!
TP

> JA MEIN GÜNTILEIN!!!
> KOMM ZU TANTE EVA!!
> LASS DICH UMARMEN!!

Natürlich konnte es nicht ausbleiben, daß es immer zu recht unschönen interfamiliären Irritationen kam.

"Im Unausweichlichen mit gegebenen Mitteln bestehen" - Eine Kunst, derer Günter sich schon sehr schnell zu bedienen begann.

Funktionierte es anfangs todsicher ...

... mußte Günter sich doch schon sehr bald etwas
Neues einfallen lassen! ...

Panel 1: "FRAU PLAUMANN!! STELLEN SIE SICH VOR!!"

Panel 2: "IHR GÜNTER HAT SICH HEUTE SELBSTSTÄNDIG, GANZ OHNE DRUCK, MIT EINER FRAGE AN MICH GEWANDT!!"

Panel 3: "WAS?? WUNDERBAR, PHANTASTISCH!!! VIELLEICHT WIRD ER JA DOCH NOCH EIN WENIG SO WIE DIE ANDEREN KINDER! - WAS WOLLTE ER DENN WISSEN??!?"

Panel 4: "NUN, ÄH, ER WOLLTE WISSEN, OB ES EINE MÖGLICHKEIT GIBT DIE GRUNDSCHULE IM FERNSTUDIUM ZU ABSOLVIEREN!"

"MUTTER SEIN, LIEBE FRAU EBERT, HEISST VOR ALLEM ERST EINMAL: LEIDEN!!"

DIES IST EINE MANNSCHAFTS-SPORTART! UND DU MACHST MIT, GÜNTER! ALSO, AUF WELCHER POSITION WILLST DU SPIELEN!!!
SCHULSPORT IST GEIL
SCHULSPORT IST GEIL
ABSEITS!!
TP

Um Günter Gemeinschaftserlebnisse wie
z.B. Klassenfahrten u.ä. zu ermöglichen,
waren Teile des Lehrerkollegiums durchaus zu
Zugeständnissen bereit.

"UND WENN SIE DER KULTUSMINISTER WÄREN! WIR HABEN KEINE EINZELZIMMER!!!"

> LIEBE FRAU PLAUMANN! DA MACHEN SIE SICH MAL KEINE SORGEN! DAS IST SO EINE PHASE WIE WIR SIE HÄUFIG BEI KINDERN SEINES ALTERS BEOBACHTEN. LEICHT AUFFÄLLIGE VERHALTENSWEISEN – MANCHMAL DURCHAUS AUCH ETWAS PROVOZIERENDEN CHARAKTERS! VÖLLIG HARMLOS! MEIN TIP: ÜBERHAUPT NICHT BEACHTEN!!

> SEIN TIP: ÜBERHAUPT NICHT BEACHTEN!

Also, vielleicht noch kurz zur Klärung: Ich heisse Lisa und betrachten wir doch die Tatsache, dass wir diesen Tisch miteinander teilen als das was es ist:
Eine unerfindliche, in keinster Weise von mir auch nur annähernd zu verantwortende Laune unseres Lehrkörpers!!

GÜNTER, WEISST DU, IRGENDWIE MAG ICH DICH! DU HAST EINEN FESTEN CHARAKTER!

FÜR DEINE ÜBERZEUGUNGEN BIST DU BEREIT, AUCH AUSGRENZUNG IN KAUF ZU NEHMEN!

BEWUNDERNSWERT WIE DU ES ABLEHNST, FAULE KOMPROMISSE MIT DER GESELLSCHAFT EINZUGEHEN!

GUT MÖGLICH, DASS DU EIN WIRKLICH FASZINIERENDER MENSCH BIST!

VIELLEICHT EINER, DEN EINE FRAU LEIDENSCHAFTLICH LIEBEN KÖNNTE!

ABER DU MACHST ES EINEM VERDAMMT NICHT LEICHT!!

Nur in äußersten Notfällen suchte Günter öffentliche Gaststätten auf.

DARF ICH ?!

Leicht war es nicht!
Aber schließlich gelang es Günter doch, ein Fahrzeug zu finden, das seinen Bedürfnissen entgegenkam.

> TAG ZUSAMMEN! HAT EINER VON EUCH AUCH DIESEN HOCHINFEKTIÖSEN, NÄSSENDEN AUSSCHLAG IM GENITALBEREICH DEN ICH MIR LETZTENS IM WARTEZIMMER EINGEFANGEN HAB?!?

WARTEZIMMER

> MEIN HERR!! WIR MACHEN SIE HEUTE NOCHMALS IN ALLER FREUNDLICHKEIT DARAUF AUFMERKSAM, DASS IN DIESEM JAHR ALLE MIETER DIESES HAUSES BEGONIEN IN IHRE BALKONKÄSTEN GEPFLANZT HABEN!!! NUR SIE NICHT!!!

Immer wieder mußte Günter erfahren, daß eine konsequente Lebensführung durchaus leicht zu ausgesprochen heiklen Situationen führen konnte

Mit etwas Geschick gelang es Günter immer wieder, aus dem kulturellen Angebot solche Veranstaltungen herauszusuchen, die er in unbelasteter Atmosphäre genießen konnte.

"ACH, NOCH EIN GUTGEMEINTER RATSCHLAG IHRES ARZTES: GEHEN SIE MEHR UNTER MENSCHEN!!"

BITTE GÜNTER ! KANNST DU MICH EIN STÜCK MITNEHMEN ?!

OKAY OKAY ! ICH HÄTT'S WISSEN MÜSSEN!

Günters Alptraum

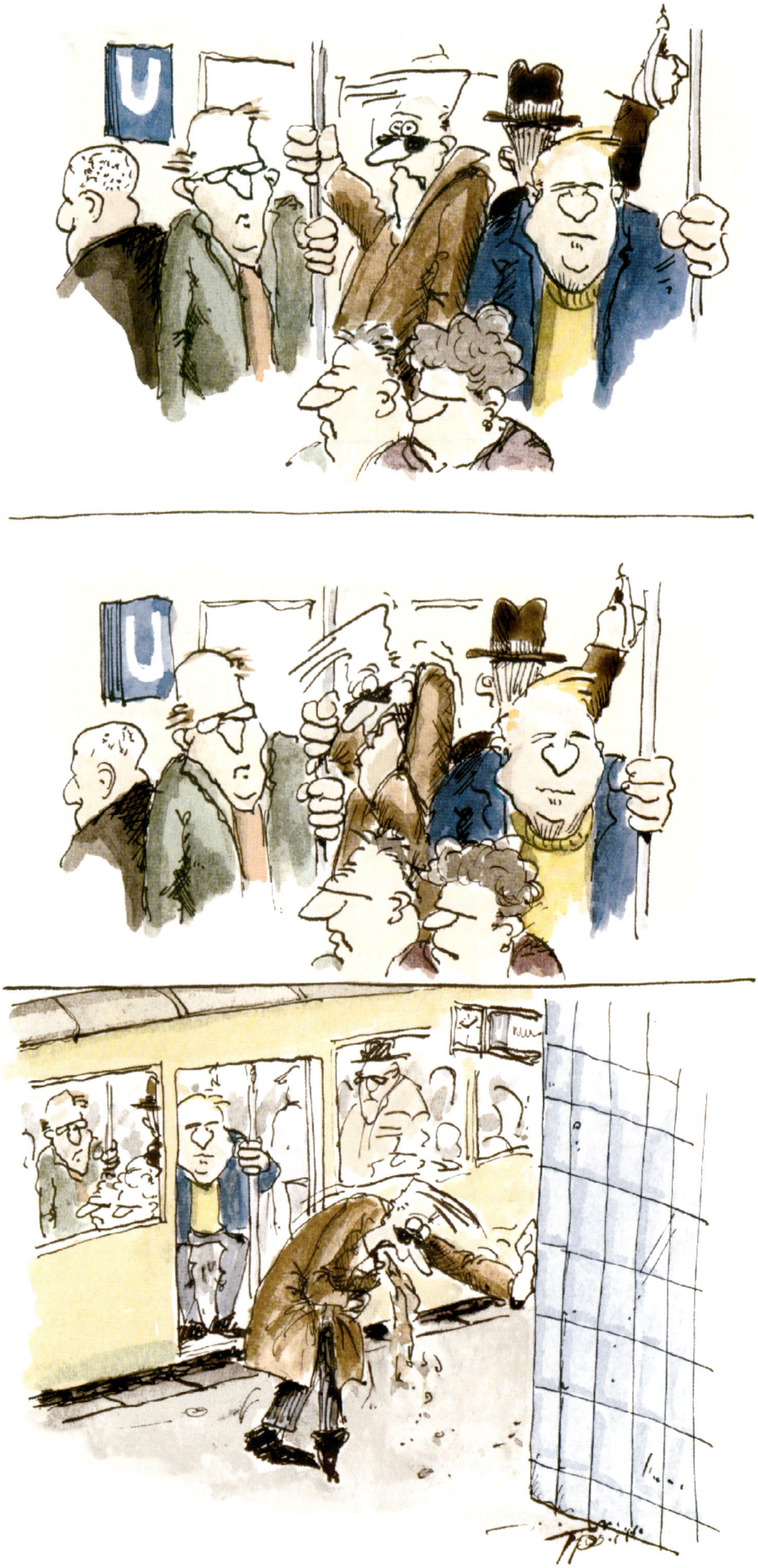

Wurde Günter mit platten Pauschalisierungen
konfrontiert, konnte er durchaus heftig werden.

DIE NÄCHSTE TITTE DIE ICH IN DIE FINGER KRIEGE FICK ICH DERMASSEN DURCH, DASS SIE NICHT MEHR WEISS WO VORN UND HINTEN IST!!

SEX-KINO
WOUW!! GEIL!! MIT ZEHN WEIBERN ZUSAMMEN IN EINEM BETT!! MANN TYP!! DAS WÄR'S WAS!?!!
HEUTE

SEX-KINO
GRAUENHAFTE VORSTELLUNG!
VERKLEMMTER WICHSER!!
HEUTE

> DENN DER MENSCH WIRD ZUM MENSCHEN ERST UND NUR DURCH SEIN EINS-WERDEN MIT DER GEMEINSCHAFT!!

> MUUUHHHH!!

Hallo Günter?! Lisa hier!

Ich wollte am Nachmittag ein wenig spazieren gehen. Hast du auch Lust? Vielleicht im Park?!

Im Park! Von mir aus!

Also um drei im Park! Du am Ost – ich am West-Eingang!

Das Tragen des "Griechischen Reifens" brachte ihm zwar am Strand wenig Sympathie, so doch halbwegs ungetrübte Badefreuden!

Gern nahm Günter einen ungemütlichen, naß-kalten Regentag zum Anlaß, einen ungestörten Spaziergang zu unternehmen.

SCHEISS WETTER, WAS?!!!

WARUM BLEIBEN SIE DÄMLICHER HUND DANN NICHT ZUHAUSE!

"TACH ZUSAMM'!"

"KANN MAN IN DIESEM SCHEISSLADEN NICHT MAL IN RUHE SEIN BIER TRINKEN!!!?"

Einige kleine Manipulationen an der Kleidung -
und schon konnte er den Film, den alle sehen
wollten, einigermaßen genießen.

Fühlte Günter sich persönlich betroffen, so neigte er durchaus zur engagierten gesellschaftspolitischen Aktion.

Günter, hast du denn wirklich nie das Bedürfnis nach Nähe?!?

Momente in denen man jemandem ganz nahe ist! Dessen Arme dich zärtlich doch fest umschliessen!

Dessen Körper, dessen Wärme du ganz dicht bei dir spürst!

Der dir Schutz und Geborgenheit gibt durch den sanften Druck seines Leibes!

Eins werden in seligem Umfangen!

Aneinander gepresst versinken!!

LUFT!!!

LASS DICH UMARMEN, LIEBER FREUND! KOMM AUCH DU ZU UNS! SIND WIR NICHT ALLE EINE GROSSE FAMILIE!?!!

WEG DIE KRALLEN!! SONST TRITT DIR DER VOLLWAISE GANZ UNVERWANDTSCHAFTLICH IN DEINE ROSA EIER!!

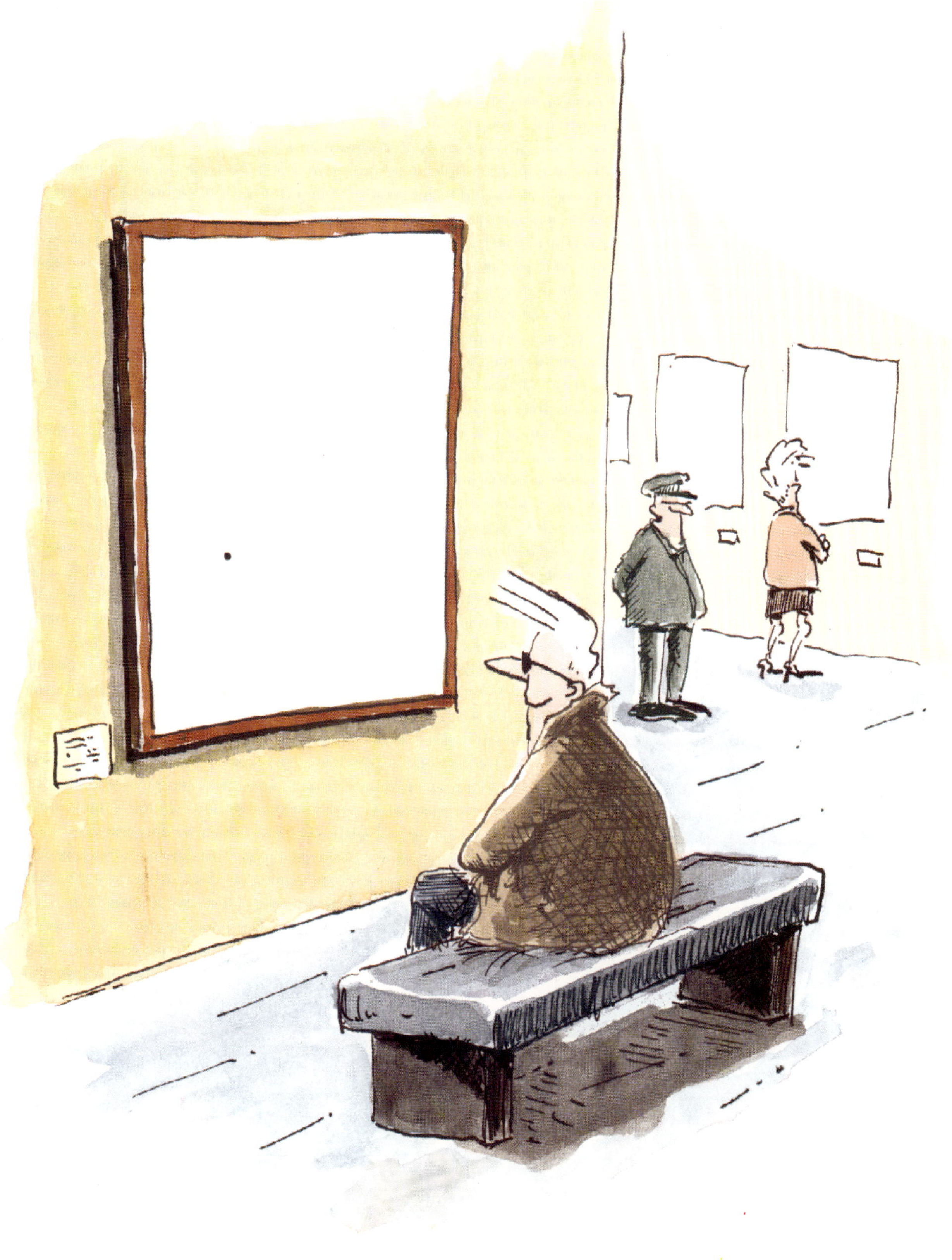

Panel 1: OH, GÜNTER!! NEIN WIE SCHÖN, DASS DER ZUFALL UNS EINMAL SO ZUSAMMENFÜHRT! OHNE DASS DU MIR EINFACH WIEDER ABHAUEN KANNST! UND JETZT HÖRST DU MIR MAL ZU!!

Panel 2: ICH WILL DIR HELFEN! DU MACHST DIR DOCH NUR ETWAS VOR MIT DEINEM MERKWÜRDIGEN VERHALTEN! GUT, ES IST NICHT LEICHT ÜBER SEINEN SCHATTEN ZU SPRINGEN

Panel 3: ABER WILLST DU ES NICHT WENIGSTENS PROBIEREN! DAS AUSSERGEWÖHNLICHE WAGEN UM AUS DEINER BEDRÄNGNIS, DEINEM KÄFIG, DEINER ECKE HERAUSZUKOMMEN. KURZ: DICH ZU BEFREIEN!!!

Panel 4: DAS LEBEN IST EIN GROSSES FUSSBALLSPIEL, DAS ENTSCHIEDEN WIRD DURCH DIE ANZAHL DER EIGENTORE!!

KLAPPT JA WIEDER PRIMA HEUTE!!!
U
"DER SITTENSTROLCH
FACHBLATT FÜR DEN TRIEBTÄTER
ICH HABE AIDS
EIN LEITFADEN
MIT KRÄTZE LEBEN

> WENN MAN DIE ENTWICKLUNG DER LETZTEN JAHRE EINMAL GANZ UNVOREINGENOMMEN BETRACHTET...

> IRGENDWANN MUSSTE ES JA SOWEIT KOMMEN!

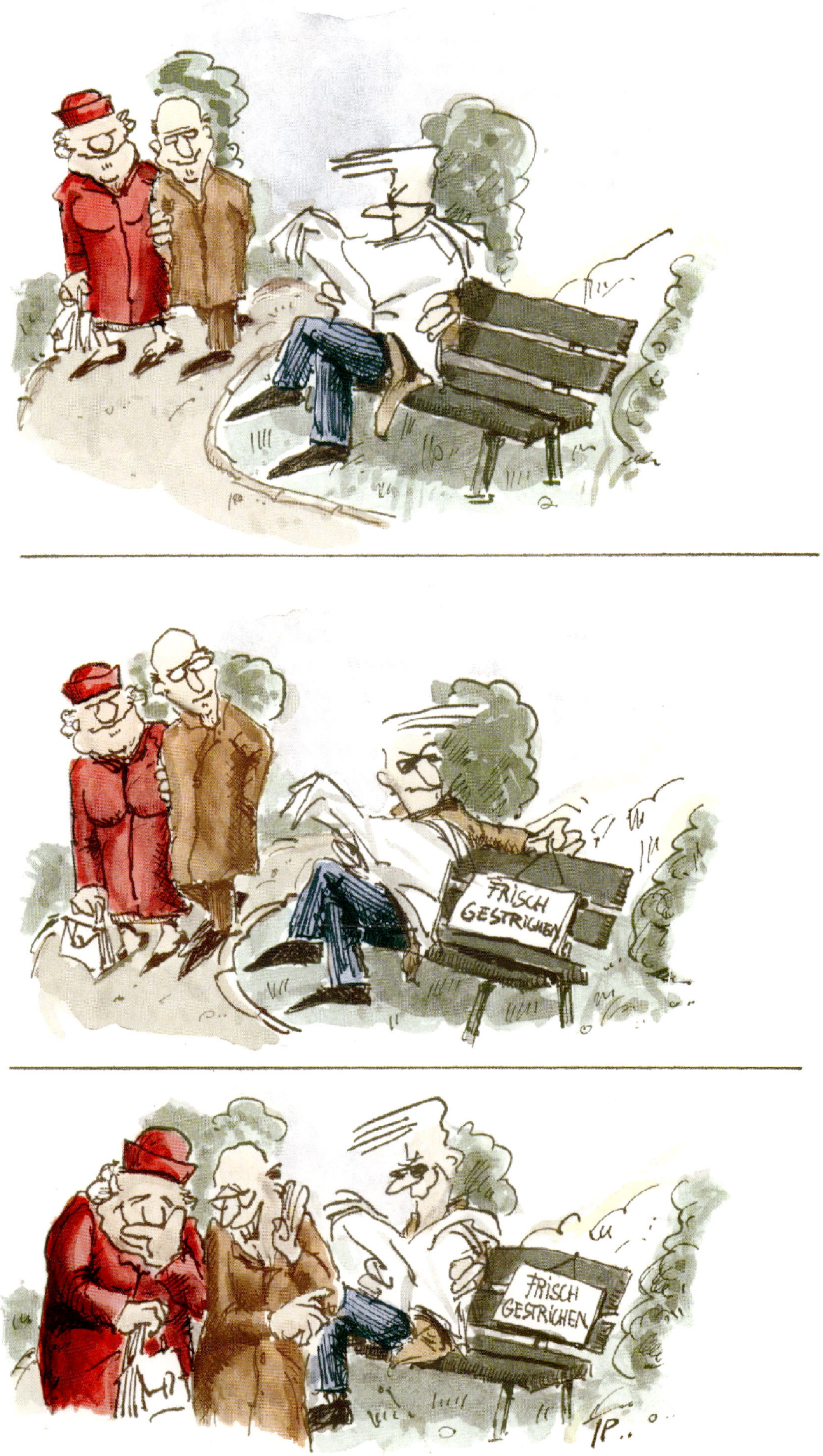
FRISCH GESTRICHEN
FRISCH GESTRICHEN

Für gewisse politische Ansätze empfand Günter
eine natürliche, verwandtschaftliche Sympathie.

WOPP!

SAGEN SIE! VERWEST HIER IRGENDWO 'NE RATTE, ODER HABEN SIE IHR INTIMSPRAY VERGESSEN?!

MUSSTE SEIN!!

Nichts liebte Günter mehr als die majestätische Einsamkeit der Berge!

BERG·HEIL, KAMERAD!

"SPÜREN SIE'S NICHT AUCH? WIE HIER IN DER EINSAMKEIT DIESES ALLES DURCHDRINGENDE GEFÜHL DER BEFREIENDEN RUHE GANZ LANGSAM IN EINEM AUFZUSTEIGEN BEGINNT!!"

"WENN SIE SICH VERPISSEN KOMMT'S MIR VIELLEICHT AUCH!"

CLUB GÜNTER

JETZT ERSTMALS MÖGLICH:
EHRENMITGLIEDSCHAFT
IM
CLUB GÜNTER
DER CLUB FÜR DEN EINZELGÄNGER IN DIR

DIE EHRENMITGLIEDSCHAFT VERPFLICHTET ZU NICHTS!!
WISSENSVORSPRUNG DURCH DAS
CLUB GÜNTER
INFO·SERVICE·SYSTEM

UND
DEMNÄCHST ERHÄLTLICH:
¡IHR! GÜNT·O·METER
JEDERZEIT FÜR JEDERMANN
DEN GANZ PERSÖNLICHEN
MINDESTFREIRAUM
MARKIEREN!

CLUB GÜNTER
UNAUFDRINGLICH · INTIMSPHÄRE RESPEKTIEREND · ABSTAND WAHREND

UND SO WERDE ICH EHRENMITGLIED IM
CLUB GÜNTER
EINFACH MITTEILUNG (BITTE MIT GEZEICHNETEM SELBSTPORTRAIT) AN:

SEMMEL VERLACH
WINFRIED BARTNICK
WERFTBAHNSTR. 8
2300 KIEL 14
TEL: 0431/7057-0 FAX: 0431/76052